Über die Autorin:

Christina de Groot wurde in Hamburg geboren. Nach einem mehrjährigen Aufenthalt in Italien beschloss sie, fortan als Schriftstellerin zu leben.
Ihre Geschichten sind stets mit großer Phantasie und einer besonderen Liebe zum Wort geschrieben. Es sind Geschichten, die aus dem tiefsten Herzen kommen und zutiefst im Herzen berühren.

Christina de Groot ist Autorin der Bestseller *Der sehr hohe Zaun, Die Zaubertinte* sowie *Die Pilzbibliothek.* Außerdem sind von ihr erschienen: *Die kleine Pfütze, Die kleine Spinne, die noch übte, Die kleine Ameise und der Teppich, Detektiv Schnüffel & Co, Die kleine Rose und der blaue Schmetterling, Willi Hummel, Willi Hummel und das Croissant* sowie *Die kleine Prinzessin und das Rotkehlchen.*

Christina de Groot

Woher der Computer seinen Namen hat

...und andere Geschichten

Bibliografische Information der Deutschen Nationalbibliothek
Die Deutsche Nationalbibliothek verzeichnet diese Publikation in der
Deutschen
Nationalbibliothek; detaillierte bibliografische Daten sind in Internet
über
http://dnb.d-nb.de abrufbar.

Umschlagbild: Christina de Groot
Herstellung und Verlag:
BoD - Books on Demand GmbH, Norderstedt
ISBN: 9783748149637

Christina de Groot

Woher der Computer seinen Namen hat

...und andere Geschichten

Sirtaki

Wie der Sirtaki entstanden ist? „Kenne ich!" sagt Jeder.

Alexis Sorbas.

Filmmusik.

Berühmter Tanz.

Alles durch den Film weltweit populär geworden.

So die einhellige Meinung der Öffentlichkeit.

Aber so war es nicht. So war es ganz und gar nicht!

Der Sirtaki wurde erfunden an einem Ort und unter Umständen, auf die Niemand auch nur ansatzweise kommen würde! Und was noch viel verblüffender ist: Wie der Sirtaki zu seinem Namen kam!

Aber Eins nach dem Anderen…

Wir schreiben Griechenland im Jahre 1748. Ein kleiner Fischerort an einer der schönsten Küsten Griechenlands. Direkt am Hafen, inmitten all der anderen kleinen Häuschen, lebt ein junger Mann namens Anatakis Anapopoulos in einem kleinen weiss-blau gestrichenen, von Wind und Wetter etwas schief gewordenen Fischerhäuschen. Oben wohnt er mit seiner Familie, und unten arbeitet er, in der *Taverna Anatakis*, die seit mehreren Generationen im Besitz seiner Familie ist.

Vieles in der Taverne erinnert noch an früher: Die Tische, die Stühle, die vielen Bilder an den Wänden. Selbst ein Grossteil des Porzellans und der Gläser stammen noch aus der Zeit von seinem

Ururgrossvater, der, selbst bereits in dritter Generation, die Taverne bis zu seinem 97. Lebensjahr geführt hat.

Ein paar Gläser und Teller sind über die Jahre und Jahrzehnte hinzugekommen, nachdem es doch immer mal wieder vorkam, dass bei einer Schlägerei das eine oder andere Glas oder der eine oder andere Teller zu Bruch gingen. Obwohl Anatakis´ Ururgrossvater schon beim kleinsten Anzeichen für Unstimmigkeiten zwischen den Gästen zu den auf dem Tisch stehenden Gläsern griff, die Gäste lächelnd ansah und sie mit einem „Vorsichtshalber!"[1] darüber informierte, dass er es für besser hielt, die Gläser an sich zu nehmen, konnte er die eine oder andere Schlägerei doch nicht vermeiden. Doch in den meisten Fällen half es bereits, dass die Gäste auf einen komplett leeren Tisch blickten, um sofort wieder Frieden zu schließen. Bedeutete es doch, dass sie auf dem Trockenen saßen. Sie wollten lieber auf eine zünftige Schlägerei verzichten, wenn es denn sein mußte, als auf ein Glas hausgebrannten Ouzo, den besten weit und breit, da waren sich Alle einig.

Ab und zu schienen die streitlustigen Gäste diese Geste von Anatakis´ Ururgrossvater leider als eine Art Einladung, wenn nicht gar Aufforderung zu sehen, nun aber erst recht loszulegen und ihrer Lust auf Prügelei freien Lauf zu lassen. Doch zum Glück war dies nur die Ausnahme.

---

[1] griech.: „Προφύλαξη!"

Aber wie auch immer die Dinge liefen, Anatakis´ Ururgrossvater rettete auf diese Weise so viele der Gläser, dass die folgenden Generationen, also Anatakis´ Urgrossvater, Grossvater und Vater, alle dem jeweiligen Erben der Taverne mehr als reichlich Gläser übergeben konnten.

Auch Anatakis selber hatte diese Verhaltensweise seines Ururgroßvaters quasi mit der Muttermilch übernommen und so die Tradition fortgeführt, die freundlichste und fröhlichste Taverne weit und breit zu sein.

Wie sein Grossvater immer zu sagen pflegte: „Ein Lächeln ist die beste Art, einem Gegner die Zähne zu zeigen."[2] Woraufhin sein Vater hinzugefügt hatte: „Der Ouzo im Glas ist des Wirtes Gold."[3]

Anatakis also lebte friedlich und fröhlich mit seiner wunderschönen Frau Terpisidua und seiner engelsgleichen zweijährigen Tochter Mimi über der Taverne.

Jeden Morgen gegen elf Uhr ging Anatakis runter in die Taverne, schloss die alte, knarrende Holztür auf und stellte ein paar Tische und Stühle vor die Tür, bei Sonnenschein auch ein paar mehr. Danach öffnete er die Fenster, um die frische Morgenluft in die Taverne zu lassen. Anschliessend deckte er die Tische, stellte sich Alles zurecht, was er für den Tag brauchte und

---

[2] griech.: "Ένα χαμόγελο είναι ο καλύτερος τρόπος, για να δείξει τα δόντια ενός αντιπάλου."

[3] griech.: "το ούζο στο ποτήρι είναι ο χρυσός υποδοχής."

setzte sich dann mit einem halb vollen Glas Ouzo vor die Taverne. Der Tag konnte beginnen.

So ging es jeden Tag.

Anatakis liebte sein Leben! Es war übersichtlich, brachte ihm und seiner Familie gutes Geld ein, und er hatte Freude an dem, was er tat.

Besonders, wenn die Taverne beinahe überfüllt war, war er in seinem Element. Je schwieriger es wurde, die vollen, aber auch die leeren Gläser durch die Taverne zu jonglieren, um so mehr Spass hatte er. Er liebte die Herausforderung! Es war wie ein Tanz für ihn, wenn er sich durch die Taverne bewegte. Je enger es wurde, um so mehr Platz versuchte er zu gewinnen. Dabei machte er jede nur erdenkliche Bewegung, die es ihm erlaubte, das Tablett mit den Gläsern sicher zu transportieren.

Wenn er besonders guter Laune war, dann sang er sogar dazu, und das eine oder andere Mal hielt er das Tablett währenddessen mit dem einen Arm hoch über dem Kopf, während er mit dem anderen einen Gast umarmte und mit ihm zusammen fröhlich tanzte.

Die Gäste liebten Anatakis! Er war immer guter Laune, und steckte mit seiner Fröhlichkeit nahezu Jeden an. Wenn die Stimmung ganz besonders ausgelassen war, schien die ganze Taverne zu tanzen. Die Menschen lagen sich in den Armen und bewegten sich gemeinsam zur Musik.

Oft war es weit nach Mitternacht, wenn Anatakis die Taverne abschloss. Doch seine Frau hatte nicht nur Verständnis für seine Arbeit – sah sie doch, wie sehr er sie liebte! -, sondern sie teilte seine Liebe zur Taverne.

Sobald ihre kleine Tochter schlief, kam sie oft nach unten in die Taverne und arbeitete mit und tanzte und sang. Und wenn Mimi mal nicht einschlafen konnte, dann nahm Terpisidua sie einfach mit nach unten.

Die kleine Mimi war sehr beliebt bei den Gästen und fühlte sich ganz offensichtlich auch sehr wohl dort. Jedenfalls schlief sie meist schon nach kurzer Zeit in dem einen oder anderen Arm ein. Da sowohl Terpisidua als auch Anatakis immer ein Auge auf ihre kleine Tochter hatten, bekamen sie dies sehr schnell mit. Dann nahm Einer von Ihnen die kleine Mimi und legte sie hinter den Tresen in ein kleines Kinderbett, das sie dort extra für sie aufgestellt hatten.

Es war ein wundervolles Leben, das sie führten, und niemals hätten sie gedacht, dass sie eines Tages genau damit Geschichte schreiben würden!

Es war im Spätsommer eben jenes Jahres 1748. Der Abend in der Taverne war wie immer: Viele Gäste, kein freier Platz mehr, gute Stimmung, reichlich Ouzo, Lachen und Tanz. Die kleine Mimi schlief tief und fest hinter dem Tresen, während ihre Mutter unaufhörlich Ouzo in die zahlreichen Gläser füllte und Anatakis mit dem Tablett durch die Taverne tanzte.

Es war eine laue Sommernacht, und die Tür der Taverne stand weit offen. Der Mond war bereits aufgegangen und unzählige Sterne funkelten am Nachthimmel.

Im Hafen hatte am späten Nachmittag ein britisches Segelschiff festgemacht. Es wollte Gewürze und feines Tuch einkaufen und dann zurück nach England segeln.

Mit an Bord waren vier adlige Männer, die im Jahr zuvor von der Queen von England zum Ritter geschlagen worden waren und sich seitdem Sir nennen durften. Sie waren im Namen des Königreiches nach Griechenland gekommen, auch zu Forschungs- und Bildungszwecken.

Jene vier Männer betraten in dieser sternenklaren Nacht die Taverne. Sie hatten schon im Hafen von Anatakis und seiner besonderen Taverne gehört und wollten sich nun ein eigenes Bild von Beiden machen. Sie waren groß gewachsen und hatten einen auffallend aufrechten Gang. Echte britische Sirs eben.

Als sie die Taverne betraten, nahm im ersten Moment Niemand Notiz von ihnen, zu voll war es, um die Tür einsehen zu können.

Es dauerte eine Weile, bis die Vier erkennen konnten, an wen sie sich wenden sollten, wenn es um das Stillen ihres Durstes ging. Als sie Anatakis als Denjenigen ausgemacht hatten, waren sie sofort fasziniert von der Art und Weise, in der er seine Gäste mit Getränken versorgte. Er lachte und schien wirklich Spass zu haben an dem, was er tat, und dabei war er schnell und flink wie ein Wiesel.

Je länger sie ihn beobachteten, um so mehr kam es ihnen vor, als würde er einen Tanz aufführen. So Etwas hatten sie noch nie gesehen! Wenn in England ein Pub dermaßen voll war, freute sich der Wirt zwar über den hohen Umsatz, den er dadurch machte. Aber es kam nicht selten vor, dass der Wirt trotzdem schlecht gelaunt war und mit genervter Miene das Bier servierte.

Um wieviel anders war da dieser junge Grieche! Lebendig, fröhlich tanzend und dabei noch mit der Haltung eines Edelmannes!

„Junger Mann!" rief einer der Adligen und hob die Hand, um Anatakis´ Aufmerksamkeit auf sich zu ziehen. Abgesehen davon, dass er Durst hatte, wollte er auch unbedingt mit diesem jungen Wirt sprechen.

„Er ist beeindruckend, nicht wahr?" rief ihm sein Nachbar ins Ohr. Der Edelmann nickte.

In diesem Augenblick sah Anatakis die vier neuen Gäste und bemerkte die erhobene Hand. Ein griechisches Volkslied summend tanzte er auf die Vier zu. Ihrer Kleidung nach waren sie eindeutig Briten, und ihrer Haltung nach handelte es sich um Adlige, Landadel vielleicht. Ein paar Worte Englisch konnte er, nach all den Jahren in der Taverne, und so wollte er die Gelegenheit gleich dazu nutzen und die englische Sprache ein wenig zu pflegen.

„Was kann ich für Sie tun, meine Herren?" fragte er auf nahezu perfektem Englisch.

Die adligen Herren hatten Einiges erwartet, aber nicht, im Süden von Griechenland in einer kleinen Taverne am Hafen in ihrer Muttersprache angesprochen zu werden. Ihre Begeisterung war groß! Sie waren über alle Massen beeindruckt. Und so sagte Derjenige, der die Hand gehoben hatte, anstatt ihres Getränkewunsches nur: „Sie sind beeindruckend, junger Mann!"

Anatakis, der etwas Anderes erwartet hatte, war sich zuerst nicht sicher, ob er die Worte richtig verstanden hatte. Als dann keine Bestellung kam, sondern die Frage: „Wie *machen* Sie das, junger Mann?", da wusste er nicht, was er antworten sollte.

Zum Glück erinnerte er sich in diesem Moment an den letzten englischen Gast, mit dem er erst vor Kurzem gesprochen hatte und der mehrmals: „Excuse me, Sir?" zu ihm gesagt hatte, wenn er Etwas nicht verstanden hatte.

Also sah er den englischen Edelmann freundlich an und sagte: „Excuse me, Sir?"

Die Briten waren erneut so überrascht, dass das Einzige, was Einer von ihnen sagen konnte: „Vier Ouzo, bitte!" war.

Anatakis nickte, drehte sich um und entschwand tanzend in der Menge.

„Was für ein bemerkenswerter junger Mann!" entfuhr es dem einen Engländer. Er sprach damit aus, was alle Vier dachten. So Jemanden wie Anatakis, darüber waren sie sich einig, hatten sie noch nie gesehen.

„Er hat die Haltung eines Edelmannes!" sagte der Eine. „Er tanzt geradezu durch die Taverne!" sagte ein Anderer. „Und er hat bei Allem diese Leichtigkeit und Freundlichkeit, wie sie nur die Griechen zu haben scheinen!" bemerkte der Dritte.

In diesem Augenblick kam Anatakis mit den vier Ouzo.

„Wie ist Ihr Name, junger Mann?" fragte der Vierte.

Anatakis sah ihn geraden Blickes an, lächelte und antwortete „Anatakis, Sir! Anatakis Anapopoulos!" und verteilte die vier Gläser eisgekühlten Ouzo.

„Anatakis Anapopoulos! Was für ein eleganter Name!" Einer der Engländer hob sein Glas. „Lasst uns auf diesen außergewöhnlichen jungen Mann anstoßen! Auf Anatakis Anapopoulos! Den Sir unter den griechischen Wirten!"

„Jawohl!" fielen die anderen Drei ein. „Auf Sie, Anatakis! Sir Anatakis!"

Anatakis, dem Unsicherheit bisher so gut wie fremd war, wusste nicht, wohin er blicken sollte. Er drehte sich hilfesuchend zu seiner Frau um, die ihn jedoch nicht sah, weil sie sich am Tresen angeregt mit Jemandem unterhielt.

„Ihr braucht gar nicht verlegen zu sein, junger Mann!" begann der Älteste der vier Engländer. „Wir sind erst im vergangenen Jahr zum Ritter geschlagen worden. Wir wissen, wer ein wahrer Sir ist!"

Anatakis sah ihn mit grossen Augen an. Und das erste Mal seit der Geburt seiner kleinen Tochter Mimi, die überwältigend für ihn gewesen war, war er vollkommen sprachlos.

„So, wie Sie hier durch ihre Taverne, wie soll ich sagen, geradezu tanzen, mit dieser Haltung und Leichtigkeit und gleichzeitig so voller Kraft und Freude, das ist phänomenal!"

Die drei Anderen stimmten lautstark zu.

„Wer ist phänomenal?" Einer der umstehenden Männer drehte sich zu ihnen um. „Redet Ihr von mir?" fragte er grinsend.

„So leid es mir tut, mein Herr"' begann einer der Engländer, „aber wir sprachen gerade von ihrem Wirt!"

„Anatakis? O ja, der ist wirklich sensationell!" Lachend drehte sich der Mann zur Mitte der Taverne. „Leute, hier ist hoher Besuch aus England, der unseren Anatakis in den höchsten Tönen lobt!"

„Recht haben sie!" rief es vom Fenster.

„Unser Anatakis ist der beste Tavernenwirt in ganz Griechenland!" rief ein Anderer von der Feuerstelle herüber.

„Jjja-wwohl!" fügte ein leicht angetrunkener, älterer Grieche hinzu und kletterte wagemutig auf einen Tisch. „Unser Taki ist...ddder Gggrösste!!!" Er stand leicht schwankend auf dem Tisch und hatte seine Arme ausgebreitet. „Auf unseren Taki!" rief er, und die ganze Taverne stimmte mit ein: „Ta-ki! Ta-ki! Ta-ki!"

Anatakis wusste nicht, wie ihm geschah. Er hörte die ganze Taverne seinen Namen rufen, und fühlte im nächsten Augenblick, wie er von zwei Männern hochgehoben und auf ihren Schultern durch die Taverne getragen wurde.

„Ta-ki! Ta-ki! Ta-ki!" rief die ganze Taverne fröhlich und klatschte Beifall.

Die beiden Männer liessen Anatakis von ihren Schultern und stellten ihn auf den Tresen.

Der Beifall brandete erneut auf. Schliesslich hob Anatakis die Hände und bedeutete der Menge, dass er Etwas sagen wollte.

Doch bevor er dazu kam, ergriff der älteste der Engländer das Wort. „Meine Herren", begann er mit kräftiger Stimme.

Alle drehten sich zu ihm um.

„Ich will es kurz machen: Lasst uns unsere Gläser erheben und anstoßen auf Anatakis!" Und auch wenn die meisten der Anwesenden kein Englisch konnten, so hatten sie doch verstanden, dass es sich um etwas zu Ehren von Anatakis handelte.

Der Engländer erhob sein Glas.

„Jaaaaa!" rief die Menge und erhob ebenfalls ihre Gläser. „Auf unseren Taki!!"

In diesem Moment zog der Engländer seinen Degen und hielt ihn in die Luft. Augenblicklich war es mucksmäuschen still in der Taverne. Was hatte er vor? Hatte er doch eben noch so fröhlich sein Glas auf Anatakis erhoben? Und nun hielt er einen Degen in der Hand?

„Bitte lassen Sie mich durch!" rief er. „Bitte lassen Sie mich durch!" Den Degen noch immer über seinem Kopf haltend, bahnte er sich den Weg zum Tresen und damit zu Anatakis.

Noch bevor Jemand etwas sagen oder ihn aufhalten konnte, war er schon auf den Tresen gesprungen und stand nun direkt vor Anatakis.

„Kniet nieder!" sagte er zu ihm.

Anatakis Frau Terpisidua erschrak. Doch dann sah sie den Gesichtsausdruck des englischen Edelmannes. Was auch immer er vorhatte, es schien alles in Ordnung zu sein. Sie brauchte sich nicht zu ängstigen.

„Anatakis Anapopoulos!" begann der Engländer. Er hob den Degen. „Als Sir durch den Ritterschlag ihrer Majestät, der Queen of England, bin ich laut englischem Gesetz befugt, auch Euch im Namen der Königin von England zum Ritter zu schlagen und Euch damit den Titel eines Sir zu verleihen! Senkt den Kopf!"

Anatakis senkte den Kopf.

Der Engländer umfasste den Degen mit beiden Händen, hielt ihn einen Moment lang senkrecht über sich in der Luft und begann dann zu sprechen: „Im Namen der Königin von England, Her Royal Majesty", er senkte den Degen langsam auf Anatakis´ rechte Schulter, „ernenne ich Dich, Anatakis Anapopoulos, hiermit zum Ritter und verleihe Dir den Titel eines Sir auf Lebenszeit!"

Er hob den Degen und legte ihn auf Anatakis´ linke Schulter. Dort liess er ihn für ein paar Sekunden liegen.

In der Taverne war es mucksmäuschen still.

„Und nun", sagte der Engländer und hob den Degen, „*Sir Anatakis Anapopoulos* – erhebt Euch!"

Anatakis hob seinen Kopf und sah zuerst seine Frau und dann den Engländer an. Dann erhob er sich.

Im selben Augenblick brandete der Jubel in der Taverne auf. Die Menge klatschte, und die „Ta-ki! Ta-ki! Ta-ki!"-Rufe nahmen kein Ende.

„*Sir* Taki!" rief plötzlich einer der Anwesenden, und sofort riefen Alle „*Sir* Ta-ki! *Sir* Ta-ki! *Sir* Ta-ki!" Es war ein Freudenchor, wie es so mit

Sicherheit noch niemand der Anwesenden erlebt hatte.

Anatakis sprang vom Tresen und schlang seine Arme um seine Frau. Von nun an war er also ein *Sir* und würde diesen Titel bis zu seinem Lebensende tragen. Vor Freude begannen sie zu tanzen.

Es wurde ein Abend, wie ihn die Taverne noch nie gesehen hatte! Und sie hatte schon viele Feiern und Feste gesehen!

Die vier Engländer legten mit ihrem Schiff am folgenden Tag wieder ab und fuhren zurück nach Grossbritannien.

Sir Anatakis aber, den Alle fortan nur noch liebevoll *Sir Taki* nannten, machte weiter wie bisher. Er war vor diesem Tag glücklich mit seinem Leben gewesen und er war es auch hinterher. Und so ging das Leben in dem kleinen griechischen Fischerdorf einfach weiter seinen Gang.

Die Wochen vergingen und es wurde langsam Herbst.

Eines nebligen Morgens tauchte ein kleiner Frachter am Horizont auf, der schliesslich näher kam und einige Zeit später im Hafen festmachte. Als Gäste an Bord waren eine junge Frau und ihr Onkel, die auf einer Reise durch Südeuropa waren. Sie kamen aus dem hohen Norden, und das Wichtigste, was die junge Frau mit sich führte, war für sie ihr Notizbuch.

Sie war Schriftstellerin. Während ihrer langen Reise hatte sie zahlreiche Reiseimpressionen aufgeschrieben und einen Roman begonnen, ihren dritten. Er spielte in Griechenland, und die Hauptperson war ein alter Grieche, der sein Leben der Musik geweiht hatte.

Dieser alte Grieche hatte einen Tanz erfunden, bei dem die Frauen dahin schmolzen und er ihre Herzen im Sturm eroberte. Ein Tanz, der eine Mischung war aus alten traditionellen Elementen und ganz eigenen Bewegungen. Er bediente sich dabei eines Tanzes, der in Griechenland seit Jahrhunderten immer gleich getanzt worden war und dem er nun einen neuen Ausdruck gab.

Die junge Schriftstellerin hatte den grössten Teil des Romans bereits fertig geschrieben und den Tanz in zahlreichen Beschreibungen quasi zum Leben erweckt. Nur einen passenden Namen hatte sie noch nicht gefunden. Und so hiess der Tanz in ihrem Buch bisher einfach nur *Tanz*.

Nachdem sie und ihr Onkel das Schiff verlassen hatten, erblickten sie Anatakis, der gerade im Begriff war, seine Taverne zu öffnen. Vom ersten Augenblick an fiel der jungen Frau auf, wie fröhlich und leicht er seine Arbeit tat. „Wie ein Tanz!" dachte sie.

Und dann nahm Alles seinen Lauf...

Der Rest ist schnell erzählt:
Die junge Schriftstellerin kehrte am Abend mit ihrem Onkel in die Taverne ein und erlebte hautnah, wie elegant und tatsächlich tanzend und voller Lebenslust Anatakis sich mit dem

Tablett in der Hand durch die Menschenmenge bewegte und wie er sämtliche Herzen im Sturm eroberte.

Genau *so* hatte sie sich den Hauptdarsteller ihres Romanes als jungen Mann vorgestellt! Genau diese Ausstrahlung und diese Energie! All das drückte ihre Hauptperson in dem von ihm erschaffenen Tanz aus, selbst noch als alter Mann! Sie sah ihn förmlich vor ihrem inneren Auge, wie er tanzte, wie er lachte! Wie Anatakis!

Aber ihre Romanfigur hatte bereits einen Namen und der gefiel ihr ausnehmend gut: Alexis. Alexis Sorbas.

An ihn denkend sah sie den durch die Taverne tanzenden Anatakis und hörte, wie die Menschen ihn Sir Taki nannten. Es durchfuhr sie wie ein Blitz! *Sir Taki*. Sie wollte den Tanz in ihrem Buch *Sirtaki* nennen! Einfach das Sir und das Taki zusammen nehmen.

Sirtaki.

Das war es!

Noch auf der Rückfahrt beendete sie ihr Buch, das vor Allem in der skandinavischen Region, aus der sie kam, ein grosser Erfolg wurde. Noch lange Zeit nach ihrem Tod – sie verstarb, viel zu früh, im Alter von 27 Jahren -, verbreitete sich ihr Roman weit über ganz Nordeuropa. Ihr Buch stand für die unbekannte Ferne, die unendliche Weite, die mythenreiche Geschichte und die Lebensfreude Griechenlands und damit des gesamten östlichen Mittelmeerraumes.

Ende des 18.Jahrhunderts verblasste der Ruhm ihres Buches, und ihr Name verschwand von der

Bildfläche. Bis heute lässt sich die Existenz des Buches nur in Bruchstücken belegen, ihr Name aber scheint für immer verloren.

Ob und in wieweit es Verbindungen zu dem erst sehr viel später erschienenen Buch mit der Hauptperson namens Alexis Sorbas und dem Film gleichen Titels gibt, ist unbekannt.

Fest steht nur, dass die junge Schriftstellerin, die 1748 Griechenland besuchte, sehr stolz und glücklich wäre, wenn sie mitbekäme, dass heutzutage die ganze Welt den Sirtaki kennt!

Und auch Anatakis, der bis zu seinem 97. Lebensjahr in der Taverne stand – und damit die Tradition seiner Familie auch in dieser Hinsicht fortführte –, wäre mit Sicherheit tief beeindruckt davon, was sich aus jenem Abend im Spätsommer des Jahres 1748, als vier englische Adlige seine Taverne betraten, entwickelt hatte.

Aber so ist das Leben: Dort, wo man nichts erwartet, geschieht Alles!

Oder, wie Anatakis Urgrossvater gesagt hätte: „Wem Gott ein Wunder schenken will, dem schenkt er einen Ouzo ein!"[4]

In diesem Sinne: „Prost! Auf das Leben!"[5]

---

[4] griech.: „Σε ποιον θέλει να κάνει ένα θαύμα, Του δίνει ένα ούζο!"

[5] griech.: „Προστ! Στη ζωή!"

Computer

Die Geschichte der Namensgebung ist ziemlich schnell erzählt. Sie gehört zu denjenigen, die in ihrer Alltäglichkeit kaum zu toppen sind. Kein raffiniertes Tüfteln, kein jahrelanges Abwägen. Keine mystische Eingebung oder gar Vision. Nichts davon. Im Falle des heute auf der ganzen Welt verbreiteten Computers ist die Erklärung ganz simpel, um nicht zu sagen, mehr als einfach:

In einem kleinen verschlafenen Nest nahe der Grenze zu Mexiko, wo niemand auch nur ansatzweise revolutionäre Erfindungen vermuten würde, da, genau da saß ein Mann namens Jeff in seinem Arbeitszimmer. Dieses glich eher einer technischen Werkstatt als sonst irgend etwas Anderem. Wie Jeff sich darin bewegen konnte, war jedem, der einen Blick in das Zimmer warf, mehr als ein Rätsel.

Und doch, oder gerade deswegen: Jeff liebte diesen Ort. War er doch gerade dabei, Etwas zu erfinden, von dem er hoffte, dass es der Welt da draußen gefiele – wenn vielleicht auch nicht in Texas -, und das die Haushaltskasse mit dem einen oder anderen Taler füllen würde.

Ein technisches Gerät, anderthalb Meter mal 98 ½ Zentimeter – Letzteres ein texanischer Meter, wie Jeff es nannte -, an fünf Seiten aus Metall, die sechste Seite eine Glasscheibe. Verbunden war das Gerät mit der alten Schreibmaschine seiner Frau, ein Erbstück eines schriftstellernden Onkels, das vor der Glasscheibe des Gerätes auf der großen Arbeitsbank stand.

Es war eines frühen Morgens im April. Jeff hatte mal wieder, zum Leidwesen seiner Frau, die Nacht durchgearbeitet. Nun stand er kurz vor der Fertigstellung seiner Erfindung.
Als ein Sonnenstrahl durch das Fenster von seines Arbeitszimmers fiel und sein Wunderwerk magisch erstrahlen ließ, schaute er mit offenem Mund auf seine quasi erleuchtete Erfindung. Tief gerührt legte er die Arme darum und flüsterte: „O Du mein Herzblut! Du mein allerbester..."
Er stockte.
Wie hieß seine Erfindung eigentlich? Hatte er schon einen Namen für das Gerät?
Er ging zum Fenster und öffnete es. Wie er die frische morgendliche Landluft liebte!
Er lächelte.
Was ging es ihm doch gut! Er lebte hier, auf seinem Land, mit seiner Frau, all´ den Tieren, dem vielen Sonnenschein und seiner neuesten Erfindung!
Sein Herz hüpfte höher. Er war fast fertig. Nur eine winzige Kleinigkeit fehlte noch.
„Und der Name..." hörte er sich selbst sagen.
Ja, der Name. Er wünschte sich eine Bezeichnung für seine Erfindung, die von Herzen kam, die Alles ausdrückte, was ihm wichtig war und die dennoch schlicht und eingängig klang.

Die Tür des Hühnerstalls öffnete sich und seine Frau trat heraus. Sie war jeden Morgen schon sehr früh auf, um mit den ersten Sonnenstrahlen die Hühner zu füttern. Das machte die Eier besonders schmackhaft, hatte sie bemerkt.

Nachdem sie alle 31 Hühner gefüttert hatte, wandte sie sich jedes Mal dem alten Puter zu, der seine letzten Tage in einem warmen, sonnigen Winkel des Hühnerstalles verbrachte. Die Hühner respektierten und achteten ihn, trotz seiner Gebrechlichkeit oder aber gerade wegen seines hohen Alters von 47 Jahren, was ihn als Puter zu einem Methusalem werden ließ.

Jeff's Frau Mary versuchte jeden Morgen, das alte Tier aus dem Stall zu locken. Sie sah, wie gut es ihm tat und wie glücklich er war, wenn er ein paar wackelige Schritte über den Hof machen konnte.

Jeff hatte dieses Schauspiel schon des Öfteren beobachtet. Aber heute berührte es ihn auf eine eigenartige Weise ganz besonders. Im offenen Fenster in der Sonne stehend blickte er auf seine Frau, die, leicht nach vorne gebeugt, in der linken Hand den Futtereimer, in der rechten Hand ein paar Körner, den Puter aus dem Hühnerstall zu locken versuchte.

„Komm, mein Puter!" rief sie mit sanfter und doch eindringlicher Stimme. „Komm! Komm zu mir! Nur ein paar Schritte! Eine kleine Morgenrunde! Das schaffst Du!"

Jeff war tief berührt. Mit welcher Liebe und Geduld Mary mit dem Tier sprach.

Aber der Puter kam nicht.

Anders als sonst erschien er nicht in der Stalltür, um dann wackelnd ein paar Schritte auf dem Hof zu tun.

Er kam nicht.

Jeff spürte einen Stich im Herzen. Der alte Puter, ihr alter Puter, den sie die Jahre über immer nur liebevoll *Puter* genannt hatten, weil jeder andere Name ihnen unpassend erschienen war, dieser Puter konnte offensichtlich nicht mehr seine morgendlichen Schritte über den Hof gehen.

Jeff stiegen die Tränen in die Augen.

47 Jahre. Fast so alt, wie er selbst! Seit 47 Jahren war *Puter* einfach da. Konnte es etwa sein, dass...

Jeff mochte den Gedanken nicht zu Ende denken.

In diesem Moment rief seine Frau mit einer solchen Zärtlichkeit und Liebe in der Stimme: „Komm Puter!", dass Jeff augenblicklich wusste: Das war es! So wollte er seine Erfindung nennen: KommPuter.

Diese beiden Worte berührten sein Herz zutiefst! Die Bedeutung dessen, was diese beiden Wörter ausdrückten, die soeben so eindringlich und so zärtlich und mit so großer Liebe von Mary ausgesprochen worden waren, diese Bedeutung ließ ihn zu seiner Erfindung gehen und die Arme ganz fest um sie schlingen.

„KommPuter!" Der Eine ging von dieser Welt, der Andere kam. So war das Leben. Seine Erfindung, wie erfolgreich auch immer sie sein würde, sie war ein würdiges Denkmal für ihren so sehr geliebten Puter!

KommPuter.

Ja, so sollte seine neue Erfindung heißen. Sie kam von Herzen, drückte Alles aus, was ihm Etwas bedeutete und war gleichzeitig schlicht und eingängig. Genau *so*, wie er es sich gewünscht hatte!

„Komm Puter!"

Dankbarkeit stieg in ihm auf. Er dankte Mary für die Worte, und er dankte dem Puter für sein langes Leben! Dann löste er sich aus der Umarmung und begann, seinen neu erfundenen Kommputer zu vollenden.

P.S.: Jeffs Vorfahren waren deutsche Einwanderer gewesen. Und obwohl Jeff akzentfrei englisch sprach, hatte es in seiner Familie doch immer wieder sprachliche Reminiszenzen gegeben an Deutschland, das Land seiner Väter, und an die deutsche Sprache.

So hatte seine Familie über Generationen hinweg selbst mit den Tieren, die zu Haus und Hof gehörten, Deutsch gesprochen und ihnen sogar deutsche Namen oder deutsche Bezeichnungen gegeben. So wie „Puter".

„Komm Puter!", also Kommputer, verwusch sich sprachlich sehr schnell zu Computer, u.a. weil die Amerikaner stets die kürzeste Form wählen. Und schon nach kurzer Zeit entschied sich Jeff, den Begriff *„Computer"* für seine Erfindung zu verwenden und gesetzlich schützen zu lassen.

Bis zu seinem Lebensende lächelte er jedes Mal, wenn er das Wort aussprach, denn er hörte und sah die morgendliche Szene vor dem Hühnerstall vor seinem inneren Auge.

Bevor er starb, überreichte er seiner geliebten Mary ein Dokument. In diesem wurde die Bezeichnung *Kommputer* als die ursprüngliche und Allererste für seine Erfindung juristisch beglaubigt.

Mary ließ nach Jeffs Tod aus Kupfer eine original getreue Nachbildung ihres Puters anfertigen und setzte sie auf das Grab von Jeff.

Noch heute, knapp hundert Jahre später, steht dieser Puter an derselben Stelle. Zur Erinnerung daran, dass Genialität und Alltag oftmals nicht weit voneinander entfernt sind.

Gabel

Am Hofe König Ludwig des XIV. wurde gut und äußerst gerne gegessen. Tischgelage gehörten quasi zur Tagesordnung.

Immer offen für Neues, probierte Ludwig im Beisammensein mit seinem Hofstaat, den er mit Vorliebe beim Essen um sich hatte, gerne die eine oder andere Novität auf dem Gebiet der so genannten "Genussmitthelhülfegeraethe" aus, die zunehmend in Mode kamen.

Ein Ding, das von Anfang an seine besondere Zuwendung hatte, war als *Forcus usus* von einem römischen Gesandten mitgebracht worden. Ludwig, der das Französische dem Lateinischen vorzog, taufte es sehr bald um in *fourche de menù*.

Es war aus Holz, genauer gesagt Olivenholz, wie der Gesandte ihm erzählt hatte. Es war auf der einen Seite schmal, auf der anderen Seite erweiterte es sich zu drei mehr oder weniger spitzen Zinken. Insgesamt maß es eine Länge von etwa 30 Zentimetern. Es lag gefällig in der Hand, und es erlaubte dem Besitzer, auf eine neuartige, ganz wunderbar einfache Weise, sogar ganze Fleischstücke fest aufzuspießen und sicher in den Mund zu befördern.

Ludwig war begeistert! Hatte es ihn, der so gerne aß, doch immer wieder zur Weißglut getrieben, wenn er das Essen, auf das er sich hungrig stürzte, nicht schnell und vollständig genug zum Munde befördern konnte. Was hatte er das eine oder andere Mal geflucht deswegen!

Und nun das! Er war selig! Es war, als hätte der Himmel sich seiner angenommen und ihm dieses neuartige Gerät geschickt.

Sein Hofstaat war durchaus interessiert, wenn auch die Meisten lieber weiter mit den Händen aßen. Was ihnen besondere Schwierigkeiten bereitete, das war der Name. Bis auf die Wenigen, deren Erziehung auch Sprachen beinhaltet hatte, war niemand des Französischen mächtig. Ja, es klang elegant. Darüber war man sich einig. Aber was nützte Einem die Eleganz, wenn man sich bei der Aussprache dermaßen anstrengen musste, dass die Konzentration jeglichen Essgenuss vermieste.

So kam es, dass eines Tages - durch einen dieser Zufälle, die an manchen Tagen des Lebens wie nebenbei geschehen -, die *fourche de menú*, der ursprüngliche *Forcus usus*, zu einer Bezeichnung kam, die zwar weit weniger elegant klang, sich aber sehr schnell großer Beliebtheit erfreute und mit Sicherheit zu ihrer großen Verbreitung maßgeblich beitrug:

Es war ein großes Essen mit vielen Gästen. Ludwig hatte zu Tisch gebeten. Alle hatten sich bereits gesetzt und genossen den Wein in großen Zügen. Die ersten Gänge, die auf riesigen Platten serviert wurden, bestanden aus Häppchen, die sich Jedermann mit den Fingern zu Gemüte führte und sich anschließend selbige genüsslich ableckte.

Ludwig mochte diese Art des Essens. Drückte sie doch vollendeten Sinnengenuss und Lebensfreude für ihn aus. Gleichzeitig jedoch liebte er das Essen mit der neuartigen *fourche de menú*. Er bemerkte, wie sich seine gesamte Körperhaltung änderte, sobald er mit ihr aß. Er fühlte sich auf geheimnisvolle Weise noch eleganter und adliger – auch wenn er das schon von Geburt aus war -, und genoss den Stolz, den er in seinen Schultern dabei spürte. Außerdem, das musste er sich eingestehen, liebte er es, die bewundernden Blicke der Anderen auf sich zu ziehen, wenn er mit eben jenem Gerät in königlicher Haltung speiste.

Bevor der nächste Gang aufgetragen wurde - filetiertes Rehkitz mit allerlei köstlichen Zutaten -, nahm Ludwig die *fourche* in die Hand. Das glatte Olivenholz fühlte sich samtig weich an, und seine Oberfläche war so glatt, dass sich das Kerzenlicht des vor ihm stehenden 12-armigen Kandelabers darin spiegelte.

Er hob seine Hand und hielt die *fourche* direkt vor sein Gesicht. „ICH bin der König!" sagte er zu sich selber. „Ehre, wem Ehre gebührt!"

In diesem Augenblick öffnete sich die Tür der Küche und Ludwigs beste Köchin, eine Leihgabe aus Potsdam, betrat schwungvoll den Festsaal. Sie hatte sich etwas ganz Besonderes einfallen lassen für diesen Abend: Entgegen ihrer sonstigen Gewohnheit wollte sie es sich nicht nehmen lassen, das Essen selbst aufzutragen. Auch wenn es für sie nicht einfach war, die große schwere, mit Essen voll beladene Platte alleine zu tragen, so war es für sie eine Ehre, ihrem König persönlich und als Erstem von diesem zarten Braten aufzutun.

Das Rehkitz duftete himmlisch und in Ludwig wuchs die Vorfreude darauf, gleich all diese Delikatessen mit Hilfe der *fourche de menú* voller Wonne in seinen Mund zu befördern.

„Seht her!" rief er den am Tisch Sitzenden zu. „Seht sie Euch an, dieses Meisterwerk der Tischkultur!" Er hob seinen Arm höher, damit alle Anwesenden die *fourche* sehen konnten.

Dann erhob er sich. „Ab heute ernenne ich dieses Kunstwerk zum Gegenstande des alltäglichen Gebrauches! Als Ausdruck unserer Größe und Herrschaftlichkeit werden wir Alle ab heute diese..."

In diesem Moment gab es einen Aufschrei aus Richtung der Küche und gleich darauf ein lautes Poltern und Scheppern, gefolgt von einem Klirren. Mit Schrecken sah Ludwig, dass seine Köchin gestolpert war und der wundervoll duftende Rehbraten samt der Zutaten im hohen Bogen durch die Luft flog.

„*Gabel!*" entfuhr es ihm, denn so hieß seine beste Köchin mit Nachnamen. Es war Sitte an seinem Hof, dass alle Bediensteten mit Nachnamen angesprochen wurden.

Die Anwesenden zuckten erschrocken zusammen, zuerst von dem lauten Geräusch, das die stürzende Köchin verursacht hatte, dann von dem lauten Ausruf Ludwigs. Sie wussten nicht, wohin sie schauen sollten: Auf die am Boden liegende Köchin oder auf ihren König.

„*Gabel!*" rief Ludwig, diesmal so laut, dass die Botschaft Allen eindeutig erschien: Ihr König, noch immer mit der hoch erhobenen *fourche* dastehend, hatte ihnen soeben mitgeteilt, mit Nachdruck mitgeteilt, wie dieses seltsame Ding in seiner Hand, das er so liebte, ab heute zu nennen war: *Gabel.*

Was für einen König hatten sie! Was für eine Größe! Er ließ sich nicht nur nicht aus der Ruhe bringen durch den Sturz seiner Köchin, sondern er hatte ebenfalls die Contenance, darüber hinweg zu sehen, und seiner Köchin dadurch zu verstehen gegeben, dass dieses, in den Augen aller Anwesenden nicht gerade kleinen Malheurs, für ihn, den König, nicht der Rede wert war. Stattdessen hatte er fortgeführt, was er begonnen hatte, nämlich ihnen, den Anwesenden eine wichtige Mitteilung zu machen: Die offizielle Umbenennung der *fourche de menú* in *Gabel.*

Gabel.

Was für ein fantastisches Wort! Einfach, eingängig und leicht zu merken. War es doch auch der Name der Köchin! Eine wahre Hommage an die Kochkunst!

Gabel.

Das Wort gefiel Allen! Ihre Hochachtung für Ludwig wuchs ins Unermessliche. Was für einen König hatten sie! Einen wahren Herrscher, der sich sogar bei den alltäglichen Dingen Gedanken um sein Volk machte!

Voller Bewunderung sahen ihn die Umgebenden an.

Dann standen die Ersten auf. „Es lebe der König!" riefen sie. Nach und nach fielen Alle mit in den Ausruf ein. Am Ende stand Jedermann. Der Applaus und die Hochrufe nahmen kein Ende. „Es lebe der König! Hoch lebe König Ludwig!" so riefen sie.

Ludwig, von dieser Begeisterung anfangs ein wenig irritiert, da er das Gefühl hatte, irgend Etwas nicht mitbekommen zu haben, verneigte sich vor den Anwesenden. Dann legte er die Gabel auf den Tisch, schob seinen Stuhl zurück und ging zu der am Boden liegenden Köchin und reichte ihr die Hand.

Auch wenn sie ihm den Genuss, mit diesem neuen Hülfsgeräth aus Olivenholz zu speisen, vorerst vereitelt hatte, so hatte er doch den Eindruck, dass er großen Eindruck auf sein Volk gemacht hatte, wodurch auch immer. Was lag da näher, als großzügig hinweg zu sehen über das Ungeschick, das seiner Köchin passiert war und ihr stattdessen aus der für sie so peinlichen Situation zu helfen.

Ludwig lächelte. Ja, er war ein großzügiger König! Ein gnädiger König!

Und ein König mit Stil! Schon bald würden es alle Königshäuser in Europa wissen, dass er der erste König war, an dessen Hofe nicht mehr mit den Fingern gegessen wurde.

Sein Lächeln wurde größer. Er war äußerst glücklich.

Wieso von diesem Tag an aber Jedermann an seinem Hofe lächelnd *Gabel* zu der fourche sagte, war Ludwig ein Rätsel. Was hatte seine deutsche Köchin damit zu tun?

Einige Zeit lang versuchte er, dem Rätsel auf die Spur zu kommen. Aber vergebens. Schließlich ging auch er dazu über, dieses dreizinkige Olivenholzkunstwerk *Gabel* zu nennen. Gefiel diese Bezeichnung doch ganz offensichtlich den anderen Menschen.

So kam es, dass aus der *Forcus usus* statt der *fourche de menú* die *Gabel* wurde.

Und als die Köchin nach einigen Monaten wieder zurück nach Potsdam ging, verlor sich auch die letzte Verbindung zu ihrem Namen.

Was blieb, war der Name: *Gabel.* Er sollte in den kommenden Jahren seinen Siegeszug durch Europas Königs- und Fürstenhäuser antreten, und von dort aus über die ganze Welt. Aber das ist eine andere Geschichte.

Buzzer

Im Jahre 1669 lebte ein Mann namens Heinrich Basse, der zusammen mit seiner Frau Martha auf einem kleinen Hof im südlichen Schwarzwald lebte. Und obwohl erst über 400 Jahre später ein Gerät mit dem Namen „Buzzer" (sprich: Basser mit weichem s) durch Fernsehshows weltbekannt werden sollte, war es jener Heinrich Basse, der ihn erfand.

Aber der Reihe nach: Heinrich und Martha lebten ein beschauliches Leben nahe des heutigen Schopfheim. Doch Heinrich war auch ein Tüftler und Erfinder vor dem Herrn! Wo er ging hatte er kreative Ideen. So erfand er auch den Vorläufer des Telefons, indem er freie elektromagnetische Schwingungen entdeckte, die es ermöglichten, mit Hilfe von bestimmten, von ihm erfundenen und gebauten Apparaturen, über eine Entfernung von bis zu 2 1/2 Kilometern zu kommunizieren.

Heinrich Basse ging jeden Tag in den Wald. Er liebte den Wald. Direkt hinter ihrem Hof begann eines seiner liebsten Waldstücke.

Eines Tages nun, es war Anfang April, schritt er so durch den Wald und suchte nach Anzeichen für das beginnende Frühjahr. Da fiel ihm auf, dass das Sonnenlicht ab und zu kreisrunde Lichtpunkte auf den Waldboden warf, alle in der Größe der Handfläche einer Männerhand. Sah er länger auf einen der Flecken, dann hatte er das Gefühl, als veränderte sich Irgendetwas im Wald. Blickte er dann um sich, war nichts zu sehen.

Eines Morgens kniete er sich auf die Erde und berührte einen dieser Sonnenflecken vorsichtig mit der Hand. Es kribbelte leicht, und wie magisch angezogen legte er seine flache Hand darauf.

Kaum hatte er dies getan, wurde es lebhafter um ihn herum und Zwerge und Trolle tauchten wie aus dem Nichts auf. Basse erschrak und richtete sich sofort wieder auf. Der Zauber war sofort verschwunden.

„Sonderbar..." murmelte er.

Da erst fiel ihm auf, dass er seine Hand von dem Lichtpunkt genommen hatte. Sofort legte er sie wieder darauf. Keine Sekunde später ging es erneut los: Die Zwerge und Trolle erschienen, Elfen tanzten durch die Luft, Glocken erklangen und den Bäumen und Büschen schienen Arme und Beine zu wachsen.

Je länger er seine Hand auf dem Lichtflecken hielt, um so mehr geschah und um so mehr verwandelte sich der Wald um ihn herum: Musik erklang, Lachen, die Pilze färbten sich immer bunter und und und. Der ganze Wald wurde zu einem einzigen großen Fest.

„Phantastisch!" dachte Heinrich Basse. Zu seiner eigenen Verwunderung zweifelte er nicht einen Moment daran, dass Alles, was er sah, Realität war. Und er, Heinrich Basse, war mittendrin!

Das Einzige, was ihn störte, war, dass er dort, wo er den Lichtpunkt berührte, festsaß. Denn sobald er seine Hand auch nur ein winziges Stückchen anhob, war Alles augenblicklich vorbei, und die „alte Realität" war wieder da. Also blieb ihm nichts Anderes übrig, als seine Hand so lange fest auf der Erde zu halten, wie er konnte.

Ud das tat er ein weiteres Mal! Was er sah, war überwältigend: Der ganze Wald lebte auf eine Art und Weise, wie er es nie für möglich gehalten hatte! Natürlich hatte er gewusst, dass der Wald voller Leben war. Aber was er sah, war eine vollkommen andere Art von Leben!

Das hier glich einem bunten Spektakel, bei dem augenscheinlich Jeder, aber auch wirklich Jeder mitmachte: Die Bäume tanzten und umarmten sich. Die Pilze änderten weiter ihre Farben. Die Kobolde bildeten eine Polonäse, die Trolle taten es ihnen mit lautem Juchzen nach. Die Moose summten glücklich zu Waldschlagern, die von Hasen, Rehen und Eichhörnchen vorgetragen wurden. Eine Gruppe Wildschweine spielten auf Baumstumpfbongos. Einhörner trugen auf ihren Hörnern diverse Köstlichkeiten, (und waren damit lebendige Kebap-Träger, wie ihre Verwandten in der Türkei auch tatsächlich genannt wurden). Elfen flirteten ungeniert mit Schmetterlingen. Käfer steppten fröhlich auf trockenen Ästen, Mäuse schunkelten mit Hamstern, und Alle und Jeder war glücklich, lachte, sang oder tanzte!

Selbst die Blätter der Bäume und Büsche sahen aus wie Festtagsgirlanden, ganz ähnlich denen, die Heinrich Basse von den Schwarzwälder Dorffesten kannte.

So faszinierend das Ganze war, so sehr bedauerte Heinrich Basse zunehmend, sich nicht bewegen zu können. Zu gerne wäre er mittendrin gewesen! Er hätte mitgefeiert, wäre herum spaziert, hätte sich Alles von Nahem angesehen und sich mit den Bäumen und Büschen und Pilzen und Rehen und Hasen und Eichhörnchen und Wildschweinen, und Eichelhähern, den Elfen und Trollen, ach, einfach mit Allen unterhalten!

Ob das überhaupt funktionieren würde? Würde der Wald ihn teilhaben lassen? Und würden sie sich gegenseitig verstehen? Andererseits, wieso war er Zeuge all´ dessen geworden, wieso hatte sich all´ das gerade ihm gezeigt?

Sein Arm wurde ihm schwer. Er hob die Hand vom Lichtfleck, und schüttelte sie aus.

Stille.

Alles, was er eben noch gesehen und gehört hatte, war verschwunden.

Doch Heinrich Basse lächelte trotzdem. Er würde morgen wiederkommen. Mal sehen, ob es dann wieder funktionierte.

Gedanken versunken erhob er sich. Blickte sich um, sah den Wald mit einem Mal mit vollkommen anderen Augen. Oder hatte er all´ das nur geträumt?

„Nein!" rief er lachend. Und er wusste, dass er Recht hatte.

Am nächsten Tag begann es schon am frühen Morgen zu regnen. Er musste ins Nachbardorf zu wichtigen Verhandlungen, daran hatte er am gestrigen Tag nicht gedacht. Doch Alles lief zu seiner Zufriedenheit, und der Tag ging schnell vorbei. Ruckzuck wurde es Abend, und er schlief tief und fest, bis das Krähen des Hahnes ihn am nächsten Morgen weckte.

Kurz nachdem die Sonne aufgegangen war, verabschiedete er sich von seiner Frau und machte sich auf in den Wald. Es würde ein strahlender Frühlingstag werden, die Sonne wärmte bereits, und der Himmel war wolkenlos.

Schon nach wenigen Minuten sah Heinrich Basse die ersten Sonnenflecken auf dem Waldboden. Aber Keiner von ihnen sah so aus wie der, den er zwei Tage zuvor mit seiner Hand berührt hatte. Er beschloss, es trotzdem zu versuchen und legte seine Hand flach darauf.

Nichts geschah.

Er probierte es mit einem anderen Sonnenfleck.

Wieder nichts.

„Also müssen die Lichtpunkte offenbar genauso aussehen, wie der Fleck von gestern:" dachte er. „Kreisrund und in etwa so groß wie meine Hand."

Er ging weiter.

Anders als sonst, wenn er im Wald spazieren ging, blickte er diesmal nicht nach rechts und nach links und genoss einfach nur die Schönheiten des Waldes. Heute war er so voller erwartungsfroher Aufregung, dass er nur Augen hatte für den Waldboden, immer auf der Suche nach einem der kreisrunden Lichtpunkte, die ihn, so hoffte er, erneut in diese einzigartige, wundervolle Waldwelt bringen würde.

Er folgte dem schmalen Waldweg Richtung Schopfheim. Der Boden war noch etwas feucht vom gestrigen Regen. Aber die vielen Nadeln, die darauf lagen, machten ihn wunderbar weich, so dass Heinrich Basse jeden Schritt genoss.

Er bemerkte kaum, wie die Zeit verging. Gerade wollte er sich für einen Moment an einer trockenen Stellen ins Moos setzen und das mitgenommene Brot essen, da sah er ihn: Einen kreisrunden Sonnenfleck in der Größe einer Männerhandfläche. Sein Herz begann schneller zu schlagen. Würde es wieder funktionieren?

Er kniete sich hin.

Sah auf den Sonnenfleck.

Blickte auf seine Hand und bewegte diese langsam auf den Lichtpunkt vor ihm zu.

Was würde diesmal geschehen?

Was, wenn etwas Schreckliches passierte? Was, wenn er die Kontrolle über das Ganze verlor und vielleicht nicht wieder zurückkehren konnte? Schließlich hatte erneute etwa besonderes vor!

Er zögerte kurz.

„Nein!" sagte er laut und verwarf jeden negativen Gedanken. Nichts dergleichen würde passieren, da war er sich sicher! Dafür war es vorgestern zu schön gewesen! Es würde wieder so sein, davon war er überzeugt! Der magische Sonnenfleck auf dem Waldboden würde funktionieren!

„Los!" sagte er zu sich selber.

Er legte seine flache Hand darauf.

Im nächsten Moment hörte er Musik, lachende Stimmen und das Trippeln und Trappeln vieler kleiner und großer Füße. Es war wie beim letzten Mal. Nur die Musik war sanfter. Es schien, als wäre es diesmal keine Party, sondern einfach ein fröhliches Beisammensein.

„Es hat wieder funktioniert!" flüsterte er glücklich. *„Ich habe es gewusst!"*

Also konnte er es heute wagen!

Mit dem Blick nach rechts, wo er eine Gruppe junger Rehe sah, die gerade dabei war, mit Tannenzapfensektgläsern anzustossen, hob Heinrich Basse die Hand vom Waldboden. Die Rehe waren verschwunden und mit ihnen alles Andere.

Er lächelte zufrieden. Auch das war wie beim letzten Mal: Sobald er den Lichtpunkt nicht mehr berührte, war die magische Verwandlung zu Ende.

Er griff in den Lederbeutel, den er mitgenommen hatte. Darin hatte er Etwas mitgenommen, das Ähnlichkeit hatte mit einem Stück Ofenrohr. Es war ein zylindrischer Körper, etwa 15 cm lang. Außen war er aus Metall, innen war es massives Holz. Das Ganze war mit Leim verklebt und hatte auf einer Seite einen leicht gewölbten Deckel.

Der Deckel sollte zur Druckübertragung auf den Waldboden dienen, genauer gesagt, direkt auf den magischen Lichtfleck. Heinrich Basse hoffte, so den nötigen Druck aufzubringen, ohne dass er fortwährend seine Hand auf dem Lichtfleck halten musste. So hätte er die Möglichkeit, aufzustehen und an Allem teilzunehmen.

Den leicht gewölbten Deckel hatte Heinrich Basse mit rotem Siegellack bestrichen. Einer Eingebung folgend hatte er sich für dieses leuchtende, Lack ähnliche Rot entschieden, nachdem er den Deckel auf das fertige Stück gesetzt und das komplette Teil angesehen hatte. Die rote Farbe sollte ihm dazu dienen, seine Erfindung wiederzufinden.

Er wog das Teil in der Hand. Es war schwer, aber ob es ausreichen würde, oder ob es vielleicht sogar zu schwer sein würde, das konnte er nur herausfinden, wenn er es ausprobierte.

„Ich tu´s!" sagte er laut zu sich selber und stellte seine zylindrische Erfindung senkrecht auf den Lichtpunkt. Dann drückte er etwas nach.

Sofort erklang wunderbare Musik, und fröhliches Lachen war zu hören. Er sah die Rehe, die gerade wieder mit ihren, wie es aussah, frisch gefüllten Tannenzapfensektgläsern anstießen. Er sah die Bäume und Büsche sich fröhlich zur Musik wiegen, die Waldmäuse dazu tanzen, eine Gruppe Frischlinge steppen, Zwerge Bock springen, Pilze und Moose farbig blinken und Vieles mehr.

Noch hielt er allerdings seine Hand oben auf dem roten Deckel.

Er zögerte.

Sollte er es wagen?

„Wieso eigentlich nicht?" dachte er. Es würde ihm unendliche Freiheit bescheren und seinen Traum wahr werden lassen!

Er hob er seine Hand und stand auf.

Nichts geschah.

Alles blieb bunt und fröhlich und lebendig. Mit anderen Worten: Es funktionierte tatsächlich genau so, wie er es sich vorgestellt hatte!

„*Juhuuuuu!!!*" rief Heinrich Basse. Vor lauter Freude tanzte und hüpfte er herum. Am liebsten hätte er einen Salto geschlagen, so glücklich war er!

„Na, wer bist Du denn?" fragte ihn ein Hirsch und grinste ihn freundlich an. „Ich hab Dich hier noch nie gesehen!"

„Hey Leute!" rief einer der Trolle, „Wir haben Besuch! Jemand zum Mitfeiern!"

Heinrich Basse erschrak. Daran hatte er ja gar nicht gedacht! Natürlich würde er gesehen werden!

Doch seine Sorge war unbegründet. Die Tiere, und Pflanzen und Pilze begrüßten ihn aufs Herzlichste. Es war, als hätte er schon immer dazugehört! Und genauso fühlte er sich auch. Er war unendlich glücklich!

Heinrich Basse hatte eine wunderbare Zeit! Er genoss Alles in vollen Zügen!

Irgendwann jedoch fand er, es sei an der Zeit, zurückzukehren. Auf einmal vermisste er seine Frau. Das nächste Mal, so beschloss er, wollte er sie unbedingt mitnehmen.

Er verabschiedete sich von Allen und versprach, bald wiederzukommen.

Ohne Probleme fand er seine magische Erfindung wieder, leuchtete das Rot des Deckels doch tatsächlich so intensiv und weithin sichtbar, das es nicht zu übersehen war. Er drehte sich noch einmal um und winkte Allen zu. Dann hob er das zylindrische Teil hoch.

Der Zauber war verschwunden.

„Es hat funktioniert!" flüsterte Heinrich Basse glücklich. Er war erfüllt von dem, was er erlebt hatte und zutiefst glücklich darüber, dass seine Erfindung funktioniert hatte. Er legte sie wieder zurück in den Lederbeutel und machte sich auf den Heimweg. ...

Was weiter geschah, ist leider unbekannt. Denn die Tagebuchaufzeichnungen Heinrich Basses, auf denen diese Erzählung beruht, enden an diesem Punkt.

Das Tagebuch wurde übrigens erst vor ein paar Jahren bei Abrissarbeiten in einer alten Truhe auf dem Heuboden eines Hofes im Südschwarzwald gefunden. Man vermutet, dass es der Hof von Heinrich Basse und seiner Frau war.

Kurz nach dem Fund wurde das Tagebuch im Rahmen eines Ausstellung im Heimatmuseum von Schopfheim gezeigt. Dieses kleine, in alte Jute gewickelte Büchlein, erregte allerdings keine große Aufmerksamkeit. Nur wenige Menschen haben vermutlich einen Blick hinein geworfen.

Dennoch verschwand es noch während der Ausstellung auf mysteriöse, bis heute nicht geklärte Weise.

Eines jedoch scheint fest zu stehen: Derjenige, der das Tagebuch entwendet hat, wusste von Heinrich Basses Erfindung, und er wusste auch, dass sie funktionierte! Aber offensichtlich wollte dieser Jemand seine Entdeckung für sich behalten und auf keinen Fall mit der Welt teilen!

Diese sensationelle Entdeckung, dass eine Art großer, roter Druckknopf genügte, um die Gegenwart zu verändern, einfach, indem man ihn drückte, diese Entdeckung wollte jemand ganz eindeutig für sich behalten.

Doch bei allem Ideenklau scheint auch eine tiefe Verehrung für Heinrich Basse bestanden zu haben. Denn das, was wir heutzutage kennen, dieser Handteller große Druckknopf, heißt, wie allgemein bekannt: Buzzer (sprich: Basser, mit weichem s), im Übrigen genauso leuchtend rot, wie der rote Siegellack von Heinrich Basse Eine eindeutigere Hommage ist kaum denkbar!

Dass das, was durch einen neuzeitlichen Buzzer geschieht, jedoch bei Weitem nicht an den Zauber des Originals von Heinrich Basse heranreicht, ist dem Tagebuchdieb mit Sicherheit auch klar gewesen.

Vermutlich ist er schon längst im Wald gewesen, bei Sonnenschein, und hat seine Hand auf einen kreisrunden Lichtfleck gelegt. Oder er hat die Erfindung Heinrich Basses bereits nachgebaut und sie auf einen Lichtfleck gestellt, so wie es im Tagebuch beschrieben wurde, und erlebt, was der "Basser" ursprünglich bedeutete.

Wer weiß, vielleicht ist er sogar Derjenige, der für das, was heutzutage als *Buzzer* bekannt ist, verantwortlich ist. Diese öffentlichkeitstaugliche „light"-Version!

Wie dem auch sei: Man sieht, Alles ist möglich! Der Zauber ist immer und überall da! Und er kennt weder Zeit noch Raum.

Heinrich Basse war mit Sicherheit einer der Menschen, die dies entdeckt und mit Freude gelebt haben.

Und wer weiß: Vielleicht gibt es viel viel mehr "Basser" auf dieser Welt, als wir denken. Wir müssen sie nur entdecken!

Inhalt: